BLACK IRIS

Black Iris

Poems by Jean Joubert
Translated from the French
by Denise Levertov

COPPER CANYON PRESS

With the exception of "Childhood" and "From a Conversation with J. P. Schneider" (which come from *Les Poèmes 1955–1975,* Grasset, 1977), these poems are drawn from the two books: *"cinquante toiles pour un espace blanc," suivi de "récits poèmes"* (*"Fifty Canvases for a White Space," followed by "Poem-Narratives,"* Grasset, 1982) and *les vingt-cinq heures du jour* (*The Twenty-Five Hours of the Day,* Grasset, 1987).

Fourteen poems from this collection previously appeared in the translator's collection *Oblique Prayers* (New Directions, 1985).

I S B N : 1-55659-015-6
Library of Congress Catalog Card Number: 88-070584

The publication of this book was supported by a grant from the
        National Endowment for the Arts.
Copper Canyon Press is in residence with Centrum at Fort Worden
        State Park.

COPPER CANYON PRESS
P.O. Box 271, Port Townsend, Washington 98368

CONTENTS

I

II

III

IV

V

I

EN FÉVRIER

En février luisent les hautes neiges. Les bois
velus serrent un peu de nuit. Au ventre des
collines, un paysan plié pousse une mule
vers un clocher fantôme. Dans le silence alors
tout se ferme dans les clôtures : meules et ruches,
granges, greniers et bergeries fourbues, couvant
des souffles chauds et des odeurs de laine. Une
brebis bêle au créneau, vers la charrette délaissée,
quelques tonneaux, quelques fagots éparpillés
dans la cour que piquent les merles. L'unique feu
brûle dans la maison où devant l'âtre, assises,
des femmes jusqu'aux cuisses se retroussent,
montrant jupons et bas de fil, tandis qu'au ciel
dans un parfum de chou fument les linges. Plaisir
secret, pauvre richesse ! Ailleurs grondent
les guerres et les rois dont les rages du moins
s'émoussent dans l'hiver. Souffrir décroît. Vivre est
au cœur caché de la saison. Dans la forêt
l'homme coupe du bois. Une vieille en fichu
se glisse sous la haie, lui porte la
nouvelle : l'enfant est né, un fils, il est
dix heures. Sur la plaine éblouie
le soleil rayonne d'un plus vif éclat.

(D'après une miniature des
« Très Riches Heures du duc de Berry ».)

IN FEBRUARY

In February the snow is deep. The gnarled woods
hug a bit of the night. Over the hill's curved belly
a stooped peasant is driving a mule towards
a spectral steeple. And in the silence
everything shuts itself in behind
wattle fences: hayricks and beehives,
barns and lofts and ramshackle sheep-folds brewing
warm breath and a smell of wool. A ewe
bleats through a cranny towards a cart – shafts at rest –
a few barrels, scattered bundles of kindling
strewn in the yard where blackbirds are pecking. The only fire
burns in the house where some women
sit in a row by the hearth, their skirts tucked up,
underskirts showing, and yarn stockings; over their heads,
rags on a line steam in the odor of cabbage.
Secret pleasure, poverty's wealth! The wars and kings
snarl somewhere else – that fury
has at least to abate in winter. Suffering
decreases. Life itself
is the hidden core of the season.
In the forest a man is felling a tree.
An old woman wrapped in a shawl, slipping
along the fence, is bringing him news:
the child is born, it's a boy.
It is ten in the morning.
On the dazzled plain the sun
shines with a livelier light.

*(After a miniature in
"Les Très Riches Heures du Duc de Berry")*

LE PONT

Des paysans passent un pont, portant des torches
dont tremblent dans l'eau noire les crinières.
D'un pas menu ils glissent vers l'obscur.
Cette rive, je la connais : ses maisons frêles,
ses craintives clôtures, les jardins où l'enfant,
debout près de la pompe, souffle sur une ombelle.
Je la connais comme la voix des mères
et le soupir de l'homme auprès du feu.
Le ciel décroît. Une lueur encore
effleurant une rose diffère l'abandon.
Ici, rien dirait-on ne peut dresser de lances,
et s'il y eut en rêve une blessure, la main
sur notre front toujours en effaça l'image.
Paix des regards aux fenêtres étroites,
grâce modeste du roseau.
Mais l'autre rive ! Une montagne la domine,
un fantôme plutôt, et ténébreux
puisque la nuit qui suinte s'épaissit.
Des rocs grimacent. Dans les taillis
jappent des loups, d'une rage étrangère.
Pourtant le pont, de geste d'homme, fut jeté
jadis sur ce fleuve maintenant invisible
dont le courant gronde, cruel.
Nous attendons la lune, sa clarté. Peut-être
d'elle apprendrons-nous le vrai visage.
Déjà sa bouche souffle au ciel une buée d'argent.

(A Hokusai.)

THE BRIDGE

Peasants are crossing a bridge, carrying torches
whose manes flicker upon the black water.
With tiny steps they glide into the dark.
This shore is known to me: its flimsy houses,
timid fences, gardens where a child
stands by the pump and blows on a puff of seeds.
It is familiar as the voices of mothers,
the sigh of a man by the fireside.
The sky wanes. A glimmer of light
still caressing a rose, puts off
the moment when it must leave.
It seems no mailed fist ever would threaten here,
and if in dream a wound appears, there would always
be a hand to smooth its image from your brow.
At the narrow windows, peaceful glances.
Modest grace of reeds.
                         But the other shore!
A mountain looms there, dominant,
more ghost than mountain, tenebrous
in the thickening flux of night.
Its rocks grimace; among its underbrush
wolves are yelping with peculiar fury.
And yet the bridge, by a human gesture,
was flung long ago across this
now invisible river, whose cruel current
roars as it goes.
We await the moon, her clarity.
Perhaps from her we shall learn
the true face of the mountain.
Already the moon's mouth wafts
a bubble of silver into the sky.

(To Hokusai)

9

BAIGNEUSE

Que les vieillards surprennent la beauté
au bain, et le soleil décroît, un feu
cuivré frappe les roses, le ciel s'ensoufre
sous les feuilles. La jeune femme est là
pourtant, un reste de lumière tire
l'épaule, lisse le sein, glisse sur le genou
vers l'eau à son image. Tressée, la chevelure
s'enroule en courbes sûres. Quelques bijoux
brûlent dans l'ombre. La bouche est claire,
l'œil mauve, heureux, qui ne sait rien
du sacrilège. Mais le miroir dressé
contre le roc soudain s'embrume, refuse
le reflet. Dans cette porte noire, la
nuit déjà masse ses meurtriers.
Et le peintre a saisi l'instant
le plus fragile, maintenant suspendu,
où l'éclat immobile de la chair et
de l'or flambe à jamais plus haut
dans l'imminence de l'outrage.
Le même oiseau enchante la forêt, le même
iris sur l'eau se penche, et, à gauche,
le cerf toujours s'éloigne entre les branches
vers les grandes ruines décapitées.

(D'après le Tintoret.)

THE BATHER

Because the old men are spying on the beauty
as she bathes, the sun is sinking,
a coppery fire beats at the roses, and the sky,
under the leafy boughs, grows sulphurous.
Yet the young woman lingers; a gleam of light
outlines her shoulder, strokes her breast,
glides from her knee towards the water
and her reflection there. Her braided hair
is coiled in skilful curves, some jewels
glow in its shade. Firm mouth and violet eyes
show forth a happiness all unaware
of sacrilege. But suddenly the mirror,
propped on the rocky bank, enshrouds itself,
refusing to yield up an image. Night already
in the dark gateway gathers its murderers.
The painter's brush has captured the most fragile
instant, suspended it: this moment
when the immobile brilliance of flesh and gold
flames, poised at its most intense,
on the brink of outrage. The unchanging bird
forever casts its spell over the forest,
above the water leans the iris still,
and leftward among branches always the same deer
moves off toward the massive ruins,
the headless towers.

(After Tintoretto)

MASSACRE

Il y a toujours quelque part un enfant nu
avec sur sa gorge le pied de l'assassin,
qui lève la dague ou le fusil, selon l'époque et la
saison, mais les visages sont les mêmes :
l'innocence, la peur, et la mère à genoux,
dépoitraillée, avec pourtant sur sa robe
de beaux plis, qui tente de freiner la brute. En vain,
car ce monceau de muscles a des ordres, et d'une
main, par les cheveux, repousse la furie, tandis que
l'autre va frapper. Plus loin rôde une folle en toge
bleue pressant contre son sein un menu corps
dont le bras pend. Le nez tendu, on croirait
qu'elle supplie le ciel, qui certes n'en a pas souci :
un ciel très ordinaire avec ses nuages un peu sales
et ses trous bleus qui en ont vu bien d'autres.
Colonnes et frontons disent une cité
noble, prospère : ici marchaient les sages,
là-bas on vénérait les dieux; des livres, des statues
naquirent sous l'ombrage; des voix aimées disaient
l'ordre profond, la beauté la plus sûre. La paix du jour
régnait sur les jardins. Pourtant dans la fissure
veillait la sale graine, dont aujourd'hui grouillent
et se boursouflent les fleurs de sang. Tout est brouillé,
souillé par cette main cruelle. Au centre de douleur, la
mère, son visage, la bouche déchirée par l'immense cri.

(D'après Poussin.)

MASSACRE

Always there's a naked baby somewhere
with a killer's foot upon its throat,
his sword or gun brandished according to epoch;
always the same figures are repeated:
innocence, terror, a mother on her knees
barebreasted (creases of rent garments
falling in formal beauty) striving
to thwart the brute. In vain –
that lump of muscle has his orders: with one hand
he grabs the maternal fury by the hair,
fending her off; the other
will strike.   In the background wanders
a raving woman, clasping to her bluerobed breast
a small body whose arm dangles. Head uptilted,
she seems to implore the uncaring heavens:
heavens that are merely a most ordinary sky –
clouds a bit dingy, holes of blue
that have witnessed all this before.
Columns and pediments bespeak
a noble, prosperous city: in this portico
sages have walked, and there the gods
were reverenced; in this protective shade
books and statues came to birth; and here
belovèd voices uttered the deep underlying
order of things, unequivocal beauty.
Over the gardens reigned serene
the light of day. Yet in a crevice
waited the evil seed, bloating, that now
has burst into flowers of blood.
All is embroiled, soiled by cruelty's hand.
At agony's core: the mother, her face,
the mouth torn open
                    by an immense cry.

(After Poussin)

INTÉRIEUR

Ici, rien ne bouge. Ni morsure ni
crime ni remous sous le tendre mauve
des rideaux et des châles. L'horloge brille,
un chien sur le pavé couche un lambeau
de nuit. Sans doute est-ce le soir
puisque à la vitre un soleil bas s'essouffle.
« Où étais-tu ? » interroge l'aïeule.
« Ta bouche tremble » et d'une main touche
la lampe, disant toute une enfance de
calèches, d'orgues et d'éventails. Mais qui
l'écoute ? Ni la jeune femme ni l'enfant
resserrés sur leurs rêves. Derrière la porte
étroitement ornée, quel infini,
ah ! de couloirs, de roses aux tentures, de
chambres assoiffées de parfums et d'oiseaux.
Dans ces provinces de la peur, on se dévêt seul
dans le noir, on serre sur sa gorge une
main froide, parfois dans un miroir
se renverse l'image illuminée d'or fauve :
armure du soleil, fruits lourds pendus
aux treilles où d'autres bouches ont cueilli
délices et tourments. Ici tout fut
rêvé dans de secrètes noces dont la
pénombre à peine émousse le remords.
Un angélus écorche les jardins,
des inconnus très loin crachent des rires.
Coquelicots ! Dans une cruche lisse
mousse leur feu violent. L'aïeule : « Il est
trop tard. » La mère : « Ai-je brûlé, jadis ? »
« Je vois le sang, j'espère », songe l'enfant.

(Bonnard.)

INTERIOR

Here nothing moves, nothing bites deep, no crime, no upheaval
stirs the delicate mauve of shawls and curtains. The clock shines,
a dog lays down his morsel of night on the tiled floor.
Plainly it is evening; a westering sun droops at the window.
'Where have you been?' the grandmother says, 'Your lips are trembling.'
She touches a hand to the lamp, evoking a whole childhood
of carriages, organs, fans. But who pays attention?
Not the child, not the young woman, each enclosed
in a separate dream. Behind the prim scrolls of the door,
what an infinity of – ah! – corridors, roses among folds
of heavy draperies, bedrooms thirsting for perfumes and birds.
In these provinces of fear one undresses alone in the dark,
a cold hand pressed to the heart; sometimes in the mirror
there slants an image of tawny gold, breastplate of sunlight,
heavy fruit on that trellis where other mouths
have culled torments and delights. Here, all is already dreamed,
in secret nuptials whose dim penumbra
does little to allay regret. The angelus grazes the gardens. Far-off,
a sputter of laughter as strangers pass. Poppies! Their violent fire
ferments in a bland vase. The grandmother: 'It is too late.'
The mother: 'Was there a time, once, when I burned?' 'I can see
blood,' muses the child, 'there is hope.'

(Bonnard)

DANS CE JARDIN

Dans ce jardin, voyez l'ordonnance des grâces :
ici la porte bleue, ici la clef cachée
sous le lierre, le ciel fendu, voyez l'allée
entre la pierre et l'eau, les ruches, les racines
et l'arbre-femme ou l'arbre-enfant qui bouge
au loin derrière les branches constellées d'oiseaux.
Près de la serre, est-ce une ombrelle qui s'attarde,
un châle dénoué que le vent tord ou l'ombre
entière et blanche de l'aimée ? Transparente sa main
masque à peine le livre, lisse du bout des doigts
dans la splendeur aveugle de l'amour les traces
du poème.
              Voici le soir, l'instant où tous les
morts que l'on frôle, que l'on respire, se font
pressants, entendez-vous leurs voix dans les
parfums qui vêtent la rivière ? Ils sont menus,
frileux, ils nous voient comme des maisons
toujours ouvertes où un feu brûle, ils se glissent
dans notre sang, ils nous imprègnent, nous irriguent ;
et nous sommes surpris parfois de tel visage
inconnu dans nos songes, de telle bouche qui
souffle d'étranges mots, de troublantes images
dont la clarté foudroie. Minuit se peuple
et l'éternel occupe nos paupières.
                                    Pourtant
à l'aube, sur le seuil, nous louons la
lumière, nous remercions les arbres, les roseaux
d'être là, d'être semblables, de porter le
même poids de branches, nous rendons grâce de leur
patience, de leur bonté, puisqu'ils nous ont
attendus toute la nuit dans le brouillard
jusqu'à ce qu'un soleil mauve et bleu les éclaire.

(Claude Monet.)

IN THIS GARDEN

In this garden, behold the ordered graces:
here the blue door, here the key concealed
under the ivy, and the sky partitioned;
behold the path between the rocks and water,
the beehives and the roots, and in the distance,
moving behind the bird-starred branches,
the tree-woman or tree-child. Near the greenhouse,
is that a lingering parasol? – a loose shawl
twirled by the wind? – or the entire
white wraith of the beloved? Her transparent hand
scarcely covers the book, smooths with its fingertips,
in blind splendor of love, a poem's traces.
               Evening has come, the hour when all the dead
one brushes against, breathing their presence,
become insistent; do you hear their voices
in the perfumes that pervade the river?
They are thin, shivering; they regard us
as ever-open houses where fires glow:
they slide into our blood, stream through us,
permeate us; thus at times
in dreams some face appears, unknown, startling,
some mouth whispering strange words – troubling images
whose clarity confounds us. Midnight is thronged,
under our eyelids reigns eternity.
               And yet
from our thresholds at the break of day
we praise the light, we thank the trees, the reeds,
for being there, for being the same, for bearing still
their weight of branches, and we bless their patience,
their goodness: they have waited for us in the mist
all night, until the sunlight, mauve and blue,
illumines them.

(Claude Monet)

PORTRAIT D'HOMME

Moi,
Marcus Silésius,
poète,
je me suis arraché du monde.
Dans la forêt, au plus noir, j'ai bâti
ma tanière de branches.
Là-bas, dans leurs palais, longtemps j'ai répété
que je voyais grandir le feu et la famine,
j'ai dénoncé l'orage et l'imminence du charnier.
Qui m'écoutait ? Quelques fous, quelques enfants,
une femme qui apprêtait ses linges et ses larmes.
Les autres m'ont haï ou méprisé.
On se détourne ainsi des diseurs de lumière !
Dorénavant j'habite le silence,
je me lève à l'heure du sanglier,
j'attends le cerf au seuil de son royaume.
Je vieillis dans l'orgueil, mes oracles m'étouffent.
Parfois, du haut de la falaise,
je regarde très loin fumer les villes :
braises, cendres, déjà poussière.

(Holbein.)

PORTRAIT OF A MAN

I,
Marcus Silesius,
poet,
I tore myself out of the world.
In the darkest forest
I wove my lair out of branches.

Back there in their palaces
how long I had told them, over and over,
what I could see: famine and fire
growing and growing;
I warned them of tempests to come,
of carnage impending.
Who listened? Madmen, a few,
children, a few, a woman
making ready her tears and her bands of linen.
The rest either hated me or misunderstood.
That's how they turn away from those who utter the light!
Since then I inhabit silence,
I rise when the wild boar rises,
I await the stag at the threshold of his kingdom.
I have grown old in my pride,
my oracles choke me.
Sometimes, from high on the cliff,
I watch, far off, the smoke of cities:
embers, cinders, ashes – already dust.

(After Holbein)

QUE VOIENT-ILS?

Jamais veilleur ne fut si loin aventuré
face à la nuit grouillante de plumages :
chauves-souris à têtes d'enfants, oiseaux
mordeurs et sorcières velues qui jacassent.
Plus loin, dans le ciel lunaire, on dirait
une citadelle aux murs brutaux où seul
un œil fendu faiblement brille,
tandis que l'immense gris des nuages
bouillonne comme un breuvage maléfique.
Petits, perdus, l'homme et le chien
tendent le nez, leurs épaules tombent,
ils tremblent.

(Goya.)

WHAT DO THEY SEE?

Never has any sentinel ventured
so far: to confront
a night aswarm with feathers,
bats with infant faces, birds that bite,
the jabbering of hairy witches.
Distant, in moony sky, there seems
a citadel with grim walls where dimly shines,
solitary, a huge eye,
while the immense gray of the clouds
boils like some evil brew.
Small, lost, both man and dog
raise their noses, their shoulders droop,
they tremble.

(Goya)

GRAND NU

Délivrez-nous, Seigneur, de cette image :
une fille rousse et nue, couchée, dont le corps
se creuse comme un nid, un berceau, un navire.
La chevelure ardente étire son feu bas, la bouche
est enfantine, goulue, l'œil vert, mi-clos,
médite entre les cils. Du sein, au centre, frôlé par
la lumière, le mauve léger s'avive, et la jambe pliée
tout près, immense chair, mime la haute voile
d'un triomphe : Danaé sans doute, puisqu'une chute
d'or ruse entre ses cuisses, mais à nos yeux toujours
celle avec qui jadis, pour de semblables fêtes,
nous gagnâmes à travers bois des auberges obscures.
Voyez! Protégez-nous du piège d'une telle
beauté, des errances de la mémoire. Considérez
notre fatigue, l'esprit si tard porté sur d'autres
routes, et que ces lèvres déjà détournent. Car nous
savons encore le goût de leur salive, le parfum
et la plainte et le sommeil d'amour dans le creux rose.
Apportez-nous remède. Effacez, arrachez ou plutôt
élevez cette chair loin des chambres mortelles,
faites briller ses yeux, sa grâce, sa courbe claire
sur une toile ou dans le marbre ou dans
les mots, qui longuement tremblent puis
transparents se figent, du poème.

(D'après Gustav Klimt.)

LARGE NUDE

Lord, deliver us from this vision:
a girl, redhaired and naked, prone, whose body
curves itself like a nest, a cradle, a boat.
Her ardent locks spread wide their smouldering fire,
her mouth is childish, gluttonous; green eyes
look musingly from under half-closed lids.
Brushed by the light, central, her breasts
kindle their mauve blush, and one bent leg,
right in the foreground, immense presence of flesh,
mimics the billowing draperies of a Triumph:
Danäe no doubt, since a fall of gold slithers
between her thighs, but to our gaze always
she with whom, long ago, for such feasts we traversed
the forest to reach some obscure inn . . .
Behold her! Grant us protection from this snare
of beauty, from errant memories.
Consider our weariness, our spirit so tardily
set upon other ways, we whom these lips
already lead astray. For we still know the taste
of their saliva, perfume and moan and
sleep of love in the rosy depths.
Aid us! Efface, root out, or better, waft
far from our mortal rooms this flesh,
cause its bright eyes, its grace, its sinuous curves
to exist on canvas only, in marble, in words
that tremble, until slowly
they become transparent and are crystallized
into a poem.

(After Gustav Klimt)

SAINT JEAN BOUCHE-D'OR

Idiot barbu, quelle folie l'amour greffa
dans ta cervelle! A quatre pattes, écartant
les buissons, tu brais qu'on te pardonne
le péché de chair jadis commis avec
la blonde et belle princesse, dans la grotte
où une nuit, trébuchante, elle entra. Au premier
plan, sous l'aile d'un rocher, et toute nue,
tenant entre deux doigts le sein mignon,
elle allaite l'enfant, et son visage verse
la tendre source chevelue. Madone, dirait-on,
de sa grâce elle irrigue un désert voué à
de plus âpres moissons. Mais toi, là-bas,
Bouche-d'Or le mal nommé, toujours
dépossédé de Dieu, et toujours loin
de l'homme, faux ermite, tu vas
geignant, grognant comme une bête aveugle.
L'herbe pousse entre tes orteils, la mousse
à ton poil se mêle, et la fange te
colore. Vieux porc-épic divin, égaré,
rabaissé, tu mâches ton remords, et lapes
dans les fossés feuillus une eau très noire.

(D'après le « Saint Jean Chrysostome »
d'Albrecht Dürer.)

ST. JOHN GOLDENMOUTH

Bearded idiot, what folly did love graft
onto your brain! On all fours, skirting the bushes,
you whine to be forgiven the carnal sin
committed erstwhile with that blonde and beautiful
princess, in the cave where once at night
her erring footsteps led her. In the foreground,
under a rock's wing, utterly naked,
holding her dainty breast between two fingers,
she feeds the child, long hair cascading
over her face, a gentle stream. She seems
a Madonna, who with her grace rains on a desert
given over to thornier harvests.
                                But you,
back there, ill-named The Golden-Mouthed, forever
dispossessed of God, and forever far
from man, false hermit, you
go moaning, growling like a blind beast.
Grass sprouts between your toes, tufts of moss
burgeon in your shaggy hair,
you are grimy with dust and mud.
Old holy porcupine, misguided, humbled,
you chew on your remorse, and lap
from leafstrewn ditches the blackest water.

(After Dürer's "St. John Chrysostom")

LA CHAMBRE

Rageuse, la naine écarte les rideaux sur
l'hiver, la neige peut-être, puisqu'une
lumière blanche comme une lame mime
la brusque mort. Et le regard déjà
de cette mince folle saigne le corps
de la dormeuse enfant, nue, renversée
sur le sofa, l'œil clos, la bouche fleur,
le ventre lisse et rose. Le bras coule
jusqu'au tapis où la main caresseuse
encore s'abandonne. Des chaussettes
qu'un élastique sous le genou maintient
tracent le lien où nos lèvres (pourtant
lointaines) rêvent de se poser, et sur
la cuisse où le matin dans sa douleur
étire une ombre verte. La gorge cependant
gonflée est d'une femme ; dans les cheveux
vole une odeur d'amour.

                 Où s'est glissé,
saisi par l'aube, le dieu nocturne, le
rusé ? Sous la plinthe comme un
grillon ? Dans le mur noir où sa toison
encore semble friser ?

                 Sur la table brille
une aiguière, et près d'un livre, assis,
le chat, jambes croisées, observe
la bourrelle qui dans la chambre,
lèvres serrées, lâche sa meute blême.

(D'après Balthus.)

THE BEDROOM

Angrily the dwarf pulls open
the curtains upon winter – snow, perhaps,
since light white as a blade
mimes sudden death. And as it is, the gaze
of this diminutive madwoman bleeds
the sleeping girl-child's body, naked, thrown down
upon the sofa, eyes shut, the mouth a flower,
the belly smooth and pink. One arm
flows down to the rug where the caressive hand
once more surrenders. Socks, kept up
by an elastic below the knees, trace
the line our lips (however distant)
dream of brushing, as they do the thighs
where gloomy morning
casts a green shadow. But the swelling breasts
are a woman's; in her hair
hovers the scent of love.
                              Where, startled by dawn,
has he stolen away, the sly nocturnal god?
Under the wainscot, like a cricket?
Into the black wall where his fleece
seems yet to curl?
                    On the table shines
a water-pitcher; perched on a book
sits the cat, paws crossed, observing
the torturess who, in this chamber,
with pursed lips lets loose her ghastly pack.

(After Balthus)

LE FOULARD BLEU

Le foulard bleu que tu
tressais dans tes
cheveux que tu

serrais contre ta bouche
contre tes seins
que tu laissais

voler dans l'air le
feu le foulard bleu
longtemps complice

dans la dérive
rôde et
flotte

fine fumée
d'amour absent
brume d'exil

Que dans la mort
au moins demeure
un nom la forme

d'un visage ou bien la
flamme basse et
bleue d'un foulard

(Gravure de mode.)

THE BLUE SCARF

The blue scarf that you
braided in your
hair, that

you pressed against
your mouth, your breasts,
that you allowed

to fly in air the
fire the blue
scarf

for so long your
accomplice floats
adrift

thin smoke
of absent love, mist
of exile

May there remain
in death
at least a name

the shape of
a face
or else the
low blue
flame of
a scarf

(Fashion plate)

ROSEAU

A
peine
si
le
roseau
ploie
lorsque
s'y
pose
la
mésange

Visage
tendre visage
la pluie t'efface
sur l'étang

Nous passerons sans laisser de sillage.
Apprêtons déjà notre adieu.

(A Hokusai.)

REED

                    The
                    reed
                    scarce-
                    ly
                    bends
                    when
                    the
                    chick-
                    adee
                    perches
                    on
                    it

                                        Face
                                        tender face
                                        the rain effaces you
                                        on the pond

            We pass and leave no trace behind us.
            Let us prepare our farewell.

                            (To Hokusai)

VENISE DÉCEMBRE

Renversée sous la mer, une forêt soutient
   la ville pourrissante,
qui fut lieu de péage, d'épice, de navire,
d'or sombre décharné d'un haut visage :
lieu de génie, de guerre, de sauvages prisons.

Les arbres froids vêtus de sel et dans le noir
   portent l'immonde, la merveille.

La ville glisse vers sa mort. Sur ses places
   les oiseaux gris cherchent l'ancien
   feuillage.

DECEMBER VENICE

Up-ended under the sea, a forest supports the decaying city
which once was a place of levies, of spices, of a great fleet,
of a lean and haughty countenance cast in somber gold:
place of genius, of war, of savage prisons.

The chill trees robed in salt and blackness
    uphold the squalor, the marvel.

The city is sliding toward its death. In its piazzas
    gray birds look for the long-ago leaves.

II

DERRIÈRE LA PORTE

Et si derrière cette porte
où tu attends, jambes croisées,
feuilletant des magazines
pleins de meurtres et de sourires . . .

(La jeune femme lime ses ongles roses :
« On va venir, on ne saurait tarder,
ne vous inquiétez pas ! »
puis bâille, roucoule au téléphone
tandis que par la vitre tu regardes
un amandier en fleur)

et si derrière cette porte
dont la peinture peu à peu s'écaille
et dont le bois très doucement
tombe en poussière . . .

(« On va vous appeler, calmez-vous,
patientez ! » Et pourtant ses cheveux
sont presque gris, des rides
autour des yeux se creusent,
mais c'est peut-être à cause
de cette mauvaise lueur d'hiver
où l'arbre nu craque dans les rafales)

ah ! si derrière cette porte
où tu attends depuis des
heures, des
mois,
des années peut-être,
si derrière cette porte
il n'y avait
personne.

BEHIND THE DOOR

And if behind this door
near which you wait, legs crossed,
flipping through magazines
full of murders and big smiles . . .

(The young woman buffs her pink nails:
'. . . will see you soon, never runs late,
don't worry!'
and yawns, and coos into the phone,
while you gaze out at the almond-blossom)

and if behind this door
whose paint is peeling, a little at a time,
whose wood is very slowly
turning to dust . . .

('Your name will be called, just take it easy,
be patient!' Yet her hair
is almost grey, the wrinkles
deepen around her eyes –
but maybe that's
due to this dim
wintry light
in which the bare trees
crack beneath the wind)

ah! if behind this door
near which you've waited
hours, months,
maybe years,
if behind this door
there has been
no one.

LA SENTENCE

« Vous êtes tous condamnés à mort, » dit-il.
« La sentence sera exécutée pour chacun d'entre vous
quand et comme il conviendra.
Il n'y a pas d'appel. Rentrez dans vos prisons,
nous saurons vous trouver.
Nous avons le bras long, l'œil aigu, des registres.
En attendant, voici du tabac, de l'alcool.
Jouez, rêvez! Il n'est pas interdit d'imaginer parfois
le goût du dernier verre, de la dernière cigarette. »

THE SENTENCE

'All of you are condemned to death,' he said.
'The sentence will be carried out for each of you
when and in whatever way it is convenient.
There is no appeal. Return to your prisons,
we shall know how to find you.
We have long arms, sharp eyes, registers.
Meanwhile, here's tobacco and booze.
Go ahead, play, dream! It's not forbidden
to imagine the taste of the last glass sometimes,
or the last cigarette.'

LES QUATRES RÉVEILS

La sourde est morte par une nuit de vent.
Le village sifflait. Des feuilles, des rafales.
Elle tourne dans son silence. L'ampoule nue
faiblit. Aux murs, des ombres louches.
« Je suis en plan, » dit-elle, gémit dans le désert
et capitule. A l'aube, elle était froide.
Longtemps vigie à sa fenêtre,
pleureuse noire, rusée sorcière,
son livre d'heures s'est fermé.
Demeurent sur la table
quatre marrons dans une porcelaine,
une serviette grise parmi les miettes
et sur la maie, semblables, côte à côte,
quatre réveils qui continuent de battre.

THE FOUR ALARM CLOCKS

The deaf woman died on a windy night.
The village wailed and whistled. Leaves, gusts and squalls.
She turns within her silence. The naked bulb
has grown dim. On the walls, enigmatic shadows.
'I'm through,' she said, trembling in the wilderness
and capitulated. By dawn she was cold.
She who for so long kept watch on everyone from her window,
black funeral-wailer, wily sorceress –
her book of hours is shut.
On the table remain
four chestnuts in a china bowl,
a gray cloth among crumbs,
and on the dresser, side by side, exactly alike,
four alarm clocks, still ticking away.

CETTE AUTRE ENCORE

Cette autre encore,
terrible femme qui criait sur les collines, pleurant
      la mort d'un roi.
On l'entendait avec effroi du côté des rivières, là
      où s'élèvent les demeures,
où sur le sommeil des jardins tirés à la corde, à la
      houe, le soir penche sa voile rose.
L'eau droite y court entre les simples, la terre est
      un berceau de feuilles, tout y prospère dans
      l'oubli des dieux.

Alors pourquoi suivre cette démente, guetter sa langue
      son drapeau?
Certains complotent son massacre, d'autres un rire ou
      un crachat.
Bouche étroite, basse saison! Nos enfants choisiront
      dans la douleur et le mépris.

AGAIN THAT OTHER

Again that other, the terrible one,
the woman who wailed on the hilltops
lamenting the deaths of kings . . .
With dread her voice has been heard
      by the riverbanks, down among dwellings, where
      over sleepy gardens laid out in rows well tilled,
      the evening reefs-in its rose-colored sail.
      There the water
      runs a straight course between herbs,
      the earth is a leafy cradle,
      all prospers there,
      forgotten by the gods.

Why then follow this raving woman,
why pay heed to that flag of warning, her tongue?
Some people plot to kill her,
others just laugh and spit.
Narrow mouths,
mean and debased times!
It's our children
who'll have to make choices,
in pain and contempt.

PIERRES LEVÉES DANS LA FORÊT

à Mario Prassinos

Nous entrons dans la nuit comme dans une
forêt, toujours enfants, quand le village ramassé
respire à peine sous les lampes, serre dans les enclos
ses roses et ses chiens. La lune attise l'aventure.
Une main, dans les blés, nous mène à la lisière
où gronde un train, vitres ouvertes, emportant des regards,
des bouches muettes, des chevelures écartelées aux barrières.
Puis disparaît, ferraille sur les ponts,
soudain nous laisse face au frémissement
des feuilles et des ombres. On voudrait fuir
mais une voix nous presse, les arbres rusent,
une aile creuse un piège ténébreux.
Dans sa hutte dort la sorcière, parmi les simples
et la volaille noire dont les œufs
pendus à la clôture faiblement luisent.
Un renard jappe dans le taillis brûlé
où jadis on trouva le corps d'un enfant
sur une fourmilière. Le chêne aux loups
que fendit la foudre penche et se décharne.
Plus loin sur une flache tremble le feu
de l'unique étoile. Alors des voix menues
se plaignent sur les rives, des yeux
s'allument aux ronciers, ce qui nous frôle
n'a plus de nom, et nous savons dans la terreur
que le retour n'est plus possible,
qu'il nous faudra marcher, seuls maintenant,
dans la lueur croissante de la lune
jusqu'à ce cœur qui bat dans la haute futaie
et nous aspire. On ne peut plus crier désormais,
le souffle ploie, la langue s'enfle dans la bouche.
Dans l'éclaircie se lèvent les trois pierres
comme des dieux voilés sans geste ni visage

et lentement nous tombons sur la mousse noire.

44

STANDING STONES IN THE FOREST

to Mario Prassinos

We enter night as if we entered a forest, still children,
while the huddled village, scarcely breathing
beneath the streetlamps, shuts in its dogs and roses.
The moon entices us to adventure.
A hand leads us through the wheatfield
to the wood's edge – where a train roars by, windows open,
carrying gazing faces past us,
mute mouths, dishevelled hair. Then it's gone,
clattering over the bridge; suddenly
we're left with the trembling of leaves and shadows.
One wants to turn back, but a voice urges us onward
the trees lure us, an unseen wing
ensnares us in the loop of its dark flight.
In her hut the witch is asleep, her potions round her,
and the black hen whose eggs, strung on the fence, give off
a faint luminescence. A fox yaps in the burned thicket
where once a child's body was found on an antheap.
                                Split by lightning,
the wolves' oak leans over sideways, bark peeling.
Beyond, a pool that bears on its surface, trembling,
the fire of a single star. Then by the river
thin voices wailing; eyes gleam in the brambles:
something nameless brushes against us, and in terror
we know now there's no turning back,
we'll have to keep walking, alone in the crescent moonlight
all the way to that heart which beats in the deepest forest
and desires us. Henceforth we can't cry out,
our breath fails us, our tongues are swollen.
In a flash of light there loom the three
standing stones,
like veiled gods, unmoving, faceless,

and slowly we fall before them on black moss.

TROISIÈME HYPOTHÈSE
SUR LA MORT D'EMPÉDOCLE

Un peu avant la nuit, une voix s'éleva
dans le verger, l'appelant par son nom.
Il avait soupé seul sous la lampe, serré
le pain, le vin, caressé le silence.
Son chat dormait auprès du feu couvert.
C'est alors que la voix monta parmi les branches,
ne disant que son nom, mais si limpide, si
pressante qu'il ouvrit la porte et s'avança
sous les figuiers, à travers le jardin.
Rien n'y avait changé, si ce n'est que la terre
poreuse s'imbibait de l'unique clarté.
Sur le rivage, des bêtes calmes l'attendaient.
Il entra souriant dans l'ombre de la lune.
Nul jamais plus ne le revit.

THIRD HYPOTHESIS
ON THE DEATH OF EMPEDOCLES

A little before nightfall, a voice was raised
in the orchard, calling him by his name.
He had supped alone under the lamp, cleared away
the bread and wine, caressed the silence.
His cat was asleep by the banked fire.
It was then the voice rose up among the branches
uttering only his name, but with such clarity,
so insistently, that he opened his door and
went forward under the figtrees, across the garden.
Nothing had changed there, unless it was
that the porous earth drank-in that singular clearness.
By the waterside, calm beasts awaited him.
Smiling, he entered the moon shadow.
No one saw him ever again.

EST-CE LE VENT QUI NOUS GOUVERNE ?

Est-ce le vent qui nous gouverne ?
Celui-ci, passeur d'étangs,
chargé de songes et de crimes ?
Ou celui-là, hautain,
ami des neiges où l'esprit
glisse et nage sur les cimes ?
Ou bien encore tel autre :
bouffée de rage, haleine de ténèbre,
métamorphose, au petit jour, de la forêt
où tremble une eau de feuilles ?
Dans la naissance du verger, chaque matin je m'interroge.
Je sens vibrer les liens qui me marient
à tant d'étoiles invisibles, à la lune
engloutie, au soleil dont le rire
empourpre la colline. Et la sève partout,
d'arbre en arbre, de fleur en fleur,
et dans les veines du jardin, coule
jusqu'à mes paumes qu'elle irrigue.
Un chien marche dans mes yeux. Le
chat bâille près d'une rose, tandis
qu'au loin des pies froissent les branches.
Et la jeune lumière avive la beauté
d'une toile où veille l'archange. Ensemble
nous prions. En silence nous recevons,
nous acceptons ce souffle immense qui nous lave.

ARE WE RULED BY THE WIND?

Are we ruled by the wind? – that wind
which ferries over the ponds
a freight of dreams and crimes?
Or the haughty wind, familiar
of snowy peaks where the mind
glides and floats?
Or perhaps some other:
bluster of fury, breath of darkness,
the forest transformed, by daybreak,
to a trembling rain of leaves?
In the newborn orchard each morning
I ponder. And sense the vibration
of bonds that wed me
to the great host of invisible stars,
to the sunken moon,
to the sun whose laughter
flushes the hill with crimson.
And everywhere sap is rising
in tree after tree, and flows
in the very veins of the garden towards me, and bathes
the palms of my hands.
A passing dog
walks through my eyes. The cat
yawns by the roses,
magpies jostle the distant branches.
Early light
burnishes a web's perfection
where the archangel keeps vigil. Together
we pray, in silence
receive, accept
the immense breathing which laves us.

AU BOIS SACRÉ

Penchant la tête vers le trou, la bouche sombre sous la roche, il demanda : «Combien de temps me reste-t-il?» La gorge au loin gargouillant dans ses gouffres dit : «Trente!» dans un souffle.

«Trente? Trente quoi? Minutes? Mois? Années? Secondes?» Interrogée, la muette désormais bâillait comme une vulve de jument.

Trente, oui, mais peut-être aussi bien *tente, rampe* ou *tremble,* songea-t-il, et que tirer de cette engeance obscure?

Le temps chassait à grand bruit d'armes sur les cimes : cela du moins était certain. Comme il était presque certain qu'il pût encore écrire, sans plus tarder pourtant, ce poème.

IN THE SACRED WOOD

Bending his head towards the hole, the dark mouth in the rock, he asked: 'How much time is left me?'

The throat gurgling in its remote caverns breathed in reply: 'Thirty!'

'Thirty? Thirty what? Minutes? Months? Years? Seconds?' At these questions, however, silence yawned like a mare's vulva.

Thirty – yes, but maybe it was 'Duty,' 'Dirty,' or 'Earthly,' he wondered, and what to make of that obscure cluster?

Time was riding full tilt over the mountains, its weaponry clashing and clanging: that much was certain. As it was almost certain that he could still write (but he must make haste) this poem.

VISAGE

Sa bouche ne veut pas s'ouvrir,
sa langue ne veut pas parler.

Devant un tel visage
on s'incline, on interroge

mais rien n'émeut la haute image
dont brûle la beauté dans les chambres mortelles.

Son silence pourtant nous est langage,
apaise notre sang, nous allège, nous encourage.

COUNTENANCE

Its mouth declines to open,
its tongue to speak.

One bows before
such a face, questioning,

but no response appears
in the haughty visage
whose beauty burns in mortal confines.

Yet its silence
is a language
that quiets our pulse, lightens us, gives us courage.

LE MÉTAPHYSICIEN

Le métaphysicien, couché sous une peau de loup,
regarde tristement tomber la neige.

Brève est la vie. Brève, dit-il, comme cette poussière
d'eau qui tombe et brille et meurt.

Proche est la terre, dit-il, proche la mort dont rien
ne nous protège. Courbons le dos, resserrons-nous
contre nous-mêmes, notre seule pensée.

Il ne voit pas, dans la forêt, la jeune louve qui saute et,
de sa bouche rose, gobe un flocon.

THE METAPHYSICIAN

The metaphysician, a wolfskin pulled over him, lies
gloomily watching the falling snow.
Brief is life. Brief, he says,
as this powdered water which falls and glitters
and dies.
Close is the cold ground, close, he says, is death
from which nothing protects us. We must bend before it,
retreat into ourselves, into thought alone.
He doesn't perceive, in the forest, the young she-wolf
leap up and catch, in her pink mouth,
a snowflake.

III

L'ENFANCE

Grand-mère, au soir, criait les poules blanches, et une rousse qu'une nuit le renard saignera.

Illuminées, elles couraient par les labours, dans le vitrail d'un mauve immense,

avec des mouches en flocons, des vêpres, des mésanges. Tout dansait : soleil bas,

grêle de blé dans le plat vieux violet d'émail, montrant ses veines,

et sur l'eau frêle les pailles affolées.

Dans les dahlias, près de la pompe, l'arbre bossu se signe.

L'encre des bois nous presse : épais orage, ombre du sanglier.

Tant de beauté et tant de crainte ! Ai-je pleuré ? Par le jardin la pauvre main me guide.

La maison s'embuait du songe des lessives. Je dis le feu, le rouge des pavés,

le placard où l'on tient l'eau-de-vie de lavande, le lys confit, l'âme du pain.

CHILDHOOD

Evening. Grandmother scolding the white chickens –
and that red one a fox would leave lying in its own
blood one night.

They came running through the yard, illuminated,
seen through a leaded window's immense pane of
mauve, in a haze of flies, vesper-bells, the tiny birds
called tomtits.

Everything dancing, westering sun, hail of grain
hitting the old tin plate's violet enamel veined with
cracks, and bits of straw spinning in a puddle.

Among the dahlias by the pump, the hunchbacked
tree crosses itself.

The forest's black ink pours in around us: storm,
dense, shadow of wild boar.

So much beauty, so much fear! Was I crying? That
poor hand led me through the garden.

The house was steaming itself in a dream of laundry.
I want to tell about the fire, the red floortiles, the
cupboard where lavender-water was kept, about can-
died lilies and the soul of bread . . .

DANS LA CUISINE

Le feu craque dans la cuisine, et de grandes vapeurs échevelées collent aux vitres leurs visages.

Sur la table, l'enfant écrit. Penché, le père guide la main qui tremble. «Applique-toi!» dit-il «C'est mieux, c'est bien» puis «Il est tard.»

L'enfant écrit *enfant,* et de ce mot s'étonne sur la page, comme d'une bête douce que tantôt, l'encre étant sèche, il pourra du doigt caresser.

De sa plus belle main, le père écrit *miroir* avec des pleins et des déliés, élégamment bouclés entre les lignes (commis aux écritures à la fabrique).

Miroir copie l'enfant, puis soupire: «J'ai bien sommeil!» «Il neige» dit le père.

L'enfant écrit *Il neige* et, dans son tablier noir bordé de rouge, paisiblement s'endort.

IN THE KITCHEN

The fire crackles in the kitchen range, and big disheveled clouds of steam stick their faces up against the window-panes.

At the table, the child is writing. Leaning over him, the father guides his wobbling hand. 'Try!' he says. 'That's better – that's good.' Then, 'It's late.'

The child writes, *Child,* and is amazed at this word there on the page, like a friendly animal that soon, when the ink has dried, he'll be able to stroke with his finger.

In his best copperplate hand, the father writes *mirror,* the curves and uprights elegantly curlicued between the lines (he's a copying-clerk at the factory).

Mirror, the child copies; then sighs, 'I'm so sleepy.' 'It's snowing,' the father says.

The child writes, 'It's snowing,' and, in his black red-bordered pinafore, falls peacefully asleep.

LE MOT *CHIEN*

Le mot *chien* a mordu l'enfant
qui lisait dans la nuit farouche
et dont la main doucement saigne.

Il a vite jeté le livre,
il s'effraie de la douleur.

Sa blessure déjà l'exile.
Son cœur s'accroît.
La chambre nue s'emplit
de clameurs et de branches.

THE WORD *DOG*

The word *dog*
bit the child
reading in the

sullen night,
whose hand is
softly bleeding. Quickly

he threw down the book,
the pain
scares him.

His wound already
has made an exile of him.
His heart

dilates. The bare room
fills with shouts,
with branches.

LA POMME VERTE

Oubliée au jardin
dans la brume
le gel

frileuse elle se clôt
sur le secret de
son parfum.

L'enfant la voit
et la porte
à l'aïeule

qui dans son tablier
mauve la fait
briller

puis sur la maie la
pose près de la
planche à pain.

De son mystère
elle illumine la maison
       la pomme verte.

THE GREEN APPLE

Forgotten in the garden
in fog
in frost

it closes its chill self
upon the secret
of its flavor.

The child sees it
brings it
to his grandmother

who with her mauve
apron makes it
shine

then places it
on the bread-board
beside the bread.

With its mystery
it illumines the house,
    the green apple.

À LA FENÊTRE

Assise à la fenêtre, une fillette épelle
un livre lourd posé sur ses genoux.
L'œil captivé, la tempe sont masqués
par la sombre chevelure éperdue,
et la jupe rose, à fleurs, se retrousse
sur les jambes et cuisses nues
où la lumière entre les feuilles joue.
Parfois la bouche souffle une bulle :
« L'enfant glissa dans le miroir . . . »,
« La foudre rôde . . . », « M'aimez-vous ? »
mots balbutiés comme pour la mémoire.
Sur le silence retombé vibre une mouche,
et dans l'ombre de la cuisine
une vieille remue des linges, des ciseaux.
Contre le mur crépi de blond
flambe le sang d'un géranium,
tandis que le boucher (blouse, béret, moustache)
passe courbé, portant sur ses épaules
une bête décapitée. C'est presque
midi, en Beauce, l'été, dans un village plat
où le vent traîne la sourde odeur du blé.

BY THE WINDOW

By the window a child sits poring over
a heavy book held on her knees.
Dark, tumbled hair
masks her forehead and spellbound eyes,
and the flowered pink skirt is drawn up, showing
her legs, bare thighs where sunlight plays
among leaf-shadows. Sometimes her mouth
breathes out a bubble of speech: 'The girl
slipped into the mirror . . .', 'The thunder
prowls . . .', 'Do you love me?' – words
muttered as if to commit them to memory.
As silence falls once more, a fly buzzes,
and in the shadowy kitchen an old woman
is shifting cloth about, the scissors creak.
Against the plaster wall's honeyed pallor
flares a geranium's blood
while the butcher (apron, beret, moustache)
goes by, carrying on his back
a headless animal. It's almost noon,
in Beauce, in summer, in a flat village
through which the wind is dragging
the muffled odor of wheat.

IV

ÉCRITURE DU VENT

à Serge Brindeau

Le poème ici né du matin, de la clarté
liquide où nage encore un songe,
tu le crois grand, tu flaires l'immortel
et te réjouis de ce parfum.
Rose céleste, mauve profond, musique,
tu le vois sûr au centre de la roue
dont tourne et geint dans les brouillards
le fer boueux. Le jour pourtant s'avance,
le poids du sang. Les mots sont vulnérables :
la pluie, le feu, la main qui erre,
l'égarement peuvent les assaillir.
C'est le signe de nos frontières,
il nous défend de l'excessif orgueil.
Il n'y a plus alors que des éclats de langue,
des lettres chues, des loques grises,
comme des voix au loin dans la vallée
que les échos déchirent. Et parfois rien :
le sable, le silence, l'écriture du vent.

WIND SCRIPT

to Serge Brindeau

The poem newborn of morning,
of the liquid clarity where a dream still swims:
you think it great, you catch the scent of immortality
and luxuriate in that perfume.
Celestial rose, profound mauve, music –
you see it securely at the center
of the turning wheel whose muddy iron
creaks through the fog. But the day proceeds,
the weight of blood. Words are vulnerable:
rain, fire, the errant hand,
confusion – all can assail them.
This marks our limits, guards us
from an excess of pride.
Then there are left only splinters of language,
fallen letters, gray tatters,
like voices far across the valley,
which echoes fracture. And sometimes nothing:
sand, silence, calligraphy of the wind.

EAU DE LUNE

L'œil aiguisé
par ton
visage

j'ai vu au soir
la mer
violette

l'appel des
feux

puis l'eau
de
lune

MOONWATER

With eyes made keen
by watching your face

I've seen at dusk
the sea
      violet

the beckoning
      points of light

then:
      moonwater.

L'ÉTÉ SE CLÔT *

Le
temps
qui nous prendra

nous le
prenons parfois
par la
queue

comme un beau lézard
bleu qui se
brise

Pour un instant
scintille entre nos doigts
la frénétique lueur

Haut lieu de songe de
merveille

(Ainsi de toi Amour et du poème)

* *Opening section of a sequence.*

FROM THE CLOSE OF SUMMER

Time
which will
take us

we take
sometimes
by the tail

like a handsome blue
lizard which deftly
breaks itself off

For one wild moment
it gleams
between our fingers

high crest
of dream
of marvel

(Thus it is
with you, Love,
and with the poem)

MAISONS

La maison du pauvre donne sur l'eau,
la chaux y brille comme un lys.
Sur la vitre, le soleil joue.

Dans la maison du riche
veille une lampe bleue parmi les femmes.
Des bêtes rares lèchent les fleurs.
O regards, ô fenêtres !
Voyez le charme des outrances.

Et la maison du mort, près de la forge,
doucement se referme
comme un ventre sur un enfant.

HOUSES

The poor man's house gives on the water,
      its whitewash shines lily-bright.
On the casement the sunlight plays.

In the rich man's house
burns a blue lamp among women.
Rare beasts lick the flowers.
O glimpses, O windows!
What charm lies in excess.

And near the forge, the dead man's house
carefully closes itself
like a womb round a child.

ENCORE AVRIL

Encore avril, ses
flammes frêles, ses
rossignols, ses lilas.

Salut, soleil, voici
nos vêtements de fête
et le feu de nos paroles.

On nous croirait
à la crête du jour
presque joyeux.

Mais il y a dans notre
terre, au plus sombre
au plus secret, un
vide que rien ne comble.

APRIL AGAIN

April again, its
frail flames,
nightingales, lilac.

Hail, Sun, behold
our festal garments,
the fire of our words.

At the crest of day
we could almost
seem purely blithe.

But at our earth's
darkest, most secret
place there is
an emptiness nothing can fill.

V

D'UNE CONVERSATION AVEC
JOSEPH-PAUL SCHNEIDER

J'aurais aimé marcher
(comme toi) dans une
haute forêt

auprès d'un homme
vieux mon père
en veste de velours

pipe peut-être un
chien J'aurais aimé
marcher et ne rien

dire que des mots d'
arbres d'oiseaux
parfois d'hommes presque

rien points de sus-
pension d'une longue
phrase de feuilles

sentir en moi alors
comme un arbre qui
croît belle élancée

de mains dans l'air
et de racines J'aurais
aimé marcher dans cette

forêt et parfois
délier un cerf
d'un piège vil

et le voir s'éloigner
dans la blancheur
très longuement

FROM A CONVERSATION
WITH J. P. SCHNEIDER

I'd like to have walked
(like you) in
a tall forest

beside an old
man   my father
in a corduroy jacket

a pipe maybe
a dog   I'd like
to have walked and said

nothing except
names of trees
of birds   men sometimes

almost nothing   ellipses
of a long
phrase of leaves

Then to feel in myself
(like a tree
fullgrown)

hands in the air
roots   I'd like
to have walked

in that forest   freed
a stag now and then
from a vile snare

watched it pass
into whiteness
very slowly

CHAT VIEUX

Chat vieux comme le
village où je suis
et les racines,

chaque matin tes yeux
(l'un voilé)
sont plus grands.

Que vois-tu dans la brume
entre roche et cyprès ? Tu veilles
maintenant couché sur ma poitrine.

Tu te plais à mon sang,
tes griffes me
devinent.

Sur ton échine maigre
je pose cette main
qui sait et ne veut pas savoir.

ANCIENT CAT

Cat
old as this village
old as roots

each morning your eyes
(one of them veiled)
are larger.

What do you see in the haze
between rock and
cypress?
       These days you lie
stretched on my chest
to maintain your vigil.

My blood
pleases you, your claws
read me.

On your scrawny spine I place
this hand
       which knows and
wants not to know.

ÉCLAT DU CIEL

Jamais entre les branches le ciel
n'a brillé d'un tel éclat, comme s'il
tendait vers moi toute sa lumière,
comme s'il essayait de me parler,
de me dire quoi, quel pressant mystère
sur cette bouche transparente?
Ni feuille ni rumeur! C'est dans l'hiver,
dans la vacance froide et le silence
que l'air ainsi soudain se creuse
et resplendit. Ce soir, ailleurs,
un ami est entré dans sa mort,
il sait, il marche seul parmi les arbres,
peut-être pour la dernière fois. Tant
d'amour, tant de combats s'effritent,
s'amenuisent, mais lorsqu'il a levé les yeux,
le ciel soudain s'est revêtu
de la même vertigineuse clarté.

BRILLIANT SKY

Never between the branches has the sky
burned with such brilliance, as if
it were offering all of its light to me,
as if it were trying to speak to me,
to say – what? what urgent mystery
strains at that transparent mouth?
No leaf, no rustle . . . It's in winter,
in cold emptiness and silence, that the air
suddenly arches itself like this into infinity,
and glitters.
         This evening, far from here,
a friend is entering his death,
he knows it, he walks
under bare trees alone,
perhaps for the last time. So much love,
so much struggle, spent and worn thin.
But when he looks up, suddenly the sky
is arrayed in this same vertiginous clarity.

L'ARRIÈRE-SAISON DU POÈTE

Chaque matin en préparant le thé
je songe à l'ami mort.
Le soleil bas transperce les roseaux,
le chat rôde sur le seuil.

Printemps été automne hiver :
chaque saison apporte ses oiseaux
différents, que je nourris de miettes.

Voici novembre,
le rouge-gorge est au logis de branches.

Je suis seul, je n'écris plus, je remercie
les dieux de ce grand vide de lumière.

Parfois, au-dessus des collines,
un *jet* tire un trait blanc
qu'un vent hautain lentement ébouriffe.

THE POET'S LATE AUTUMN

Each morning, making tea,
I think of my dead friend.
The low sun slants through the reeds,
the cat prowls at the doorsill.

Spring, summer, autumn, winter:
each season brings
its particular birds, whom I feed with crumbs.

Now it's November, the redbreast
haunts its usual tree.

I am alone, I write nothing,
                          I thank
the gods for this great breadth
                          of empty light.

At times, over the hills a jet
leaves a white trail
a lofty wind
               slowly unravels.

ALLÉS À LA RIVIÈRE

Allés à la rivière
loin des
villages des
voix du
fer

au passage le plus
secret

(le peuplier y verse
un feu
pacifié)

nous fûmes proie
du vert
silence

Mon fils me parla
de Rousseau
(*les Rêveries*)
et d'un goût du
silence
comme d'un fruit
profond

Il (Rousseau)
eût aimé ce lieu
les ombelles les
libellules
les mains plongées
dans l'eau native.

AT THE RIVER

Having sought
the river
far
from villages
voices
iron

its most secret
reach

(where the poplar
sheds
a peaceable fire)

we became
the captives of
green quietness

My son
spoke to me
of Rousseau
(the *Reveries*)
and of a taste
for silence
as for a fruit,
deep

He (Rousseau)
would have liked
this place, the
wild parsley
the dragonflies
the hands
plunged into
native water

LA BIBLIOTHÈQUE

Ici la bibliothèque, dans une ancienne grange
où furent percées jadis ces fenêtres, l'une
sur le verger, l'autre sur le jardin – le potager :
seul jardin qui m'émeuve puisque l'enfance encore
y souffle des ombelles, la vieille main y fouit
la terre, mon père mort y rôde en cotte bleue,
chapeau cassé de toile, tirant au cordeau des
allées dans le brouillard. Toute pièce donne sur
un paysage, et ce paysage lui donne
sa lumière et son esprit. Ainsi la bibliothèque
dont j'aime qu'elle soit entée sur le jardin
comme un rameau plus précieux sur le sauvage
qui lui apporte sève et vigueur. Pièce reine
de la maison – à peine plus pourtant que
la cuisine ou que la chambre ! – où les livres
en couches sombres s'accumulent,
formant un lourd terreau, une patrie
d'où sortiront une pensée, un autre livre
qui les ira rejoindre, chaque saison
épaississant le sol. Nul classement, mais je sais
où chacun demeure, vivant, ardent, replié
sur son riche sommeil, toujours prêt à s'ouvrir,
à me parler, à me souffler ce que j'ignore
ou que j'ai oublié. Ici, les maîtres, près de moi,
les grandes sentinelles toujours veillant
dans le soleil des hautes passes. Ils m'ont hissé
sur ces terrasses d'où l'on voit l'autre côté :
un paysage semblable et dissemblable à celui
qui m'enserre, devenu lumière et musique,
traversé de corps harmonieux, de beaux visages

THE LIBRARY

Here is the library, in an ancient barn
whose wall has been pierced by windows, one
opening onto the orchard, the other
onto the garden – a kitchen garden,
the only kind I am moved by, for there
childhood's breath still blows the dandelion puffs,
an aged hand still turns the earth;
there my dead father, in torn cloth cap
and blue overalls, roams in the mist,
marking out planting-beds with taut strings.
                                     Each room
gives on a landscape, and this landscape gives it
its light and spirit. Thus with the library:
I want it grafted on the garden
as one grafts a precious cutting onto
a wild stock that will bring it vigor and sap.
A room that's the very queen of the house –
though kitchen and bedroom are hardly less so!
– where books in their dark strata accumulate, forming
a deep compost, a native soil
a thought will burgeon from, or another book
to join them, each season thickening the humus.
Nothing is classified, but I know where each
can be found, alive, ardent, closed in its
rich sleep yet always ready to open,
to speak to me, whisper what I don't know
or what I've forgotten. Here are the masters,
close at hand, great ever-vigilant guardians
of sunlit heights and gorges. They hoist me up
to those terraces whence one can see what lies
over beyond the ridge: a country
like and unlike this which encloses me, a landscape
transmuted to light and music, across which
harmonious figures pass and repass, faces

ineffables. (J'y ai vu Béatrice, Laure et Sophie
– tant d'autres, dans les fleurs et les voiles,
souriantes, que la mort jamais ne défait!)
Les maîtres donc que je révère, que j'interroge
quand la brume qui toujours menace
étouffe la vallée où les gouffres bâillent,
et toujours ils me répondent, parfois d'une
voix si basse qu'à peine j'entends leurs paroles,
et parfois soudain ils parlent clair;
alors, levant la tête, voyant dans une trouée
des étoiles, je reconnais le chemin.
Puis les livres de mes amis, passés, présents,
assemblés là comme autour d'une table
où flambe le vin. L'un d'eux se lève,
lève son verre et me regarde. Pourtant
certains sont morts, d'autres se sont perdus
en terres étrangères, étrangers à eux-mêmes,
dans la dérive, ancre rompue, vers l'amertume
ou de factices gloires. *Death has undone so many!*
Oui, tant de morts diverses; mais d'eux je garde
l'image, toujours jeune, d'un temps où
s'enflait la voile, où vibrait le navire
pour la conquête en haute mer. Leurs stèles
sont serrées ici dans le silence et le pardon.
Mes propres livres aussi, qui occupent une demi-
étagère, et le reste sera bien suffisant, même si
je sens que presque tout reste à dire, que je n'ai

of inexpressible beauty. (I've seen there
Beatrice, Laura, Sophia . . . And others,
so many, among the flowers, the veils, smiling,
whom death has never undone!)
                                   These, then,
are the masters I revere and whom I question
when fog, ever-threatening, closes in
on my valley and its yawning clefts;
and always they answer me, whether
in voices so low I can barely hear
the words, or whether suddenly
very clear; then,
raising my head and catching a gleam
of stars in the drifting haze,
I recognize: here is the path.
                               Then there are
books by my friends, past and present, assembled
as if round a table ablaze with wine.
One of them rises and raises his glass
and looks at me. Yet some are dead, some are lost
in strange lands, strangers to themselves, broken loose
from their anchors, adrift toward bitterness
or toward counterfeit glories. *Death
has undone so many!* Yes, diverse deaths,
and many; but I retain the unfading
image of a time when their sails were filling,
the rigging taut, their ship on the high seas,
bound for new lands. In silence here, and forgiveness,
are ranged their memorials.
                               My own books, too,
take up a half-shelf – and what space remains
will be all that's needed, though I sense that
almost everything's left unsaid,

saisi çà et là que quelques minces signes.
Il faudrait une autre vie, plusieurs vies,
pour atteindre enfin *le* livre ; peut-être, qui sait ?
une simple page où tout serait dit dans l'absolue
clarté. C'est vers cela que nous allons :
le jardin de silence et le sourire immobile.
Aussi reprenons-nous chaque fois la même route
avec ses bourbiers et ses mirages, la lâcheté, la
paresse : tout ce qui nous écarte et nous égare.
Mais parfois, pour un instant, dans cette grange
où le soleil poudroie de rêves et de mots,
une belle et forte gerbe de blé soudain brille.

I've captured only a few slight signs here and there.
One would need a new life, many lives, to attain
at last to *the book* – perhaps, who knows,
one page, single, simple,
where all would be uttered in absolute clarity.
That's the goal of our journey: the garden
of silence, the smile unmoving, archaic.
And each time we set out along the same road
with its mud and mirages, with cowardice, idleness,
all that thrusts us backward again
and leads us astray. But for an instant sometimes
here in this barn where sunlight
is dusty with dreams and words,
there shines forth – ample, burnished, resplendent –
a sheaf of wheat.

LE BALCON

à Jean-Vincent Verdonnet

Ce balcon fut jadis ouvragé
par le forgeron à l'entrée du village,
qui maintenant gît sous la pierre et le cyprès.
La forge est toujours là, près du mûrier,
bicoque de travers, illuminée de chaux
où rôde une vieille parmi la volaille.
Elle ne sait plus l'odeur du feu ni l'éclair
rouge ni le sifflement du fer dans le seau
près du soufflet qui geint et de l'enclume.
Ces vestiges furent brûlés sans doute
ou bien rouillent dans quelque mare. Seul
un chien griffe le seuil. Dans une assiette bleue
fêlée gloussent des figues. Hors cela
tout s'est brouillé, et du visage obscur,
des paroles, nul ici ne se souvient.
Pourtant demeure ce balcon à ma fenêtre,
minces volutes, belles dans la clarté
comme le chat, tout près, masqué de noir,
l'oreille aiguë, et qui se lèche
puis, se figeant, scrute les oiseaux nains
dans l'acacia. Les volets verts s'entrouvrent
sur l'autre vert plus tendre du feuillage.
Dans les plis du rideau, une mouche velue
tourne et rage. Sur ces oiseaux je m'interroge :
venus de quelle Afrique, avec ce casque
pourpre, la gorge grise, l'aile doublée d'une soie
d'éventail que leur envol brusque déplie ?
(Je songe à une poète qui connaît *tous* les
oiseaux, et me promets de lui écrire.)
Du bout des cils, j'ombre le fer léger,

THE BALCONY

to Jean-Vincent Verdonnet

This balcony was wrought years ago
by the blacksmith at the village outskirts
who lies now under stone and cypress.
The forge is there still, near the mulberry tree,
a sagging whitewashed shack
where an old woman wanders among the chickens.
It no longer knows the smell of fire,
the red flashes, the hiss of iron in the pail,
the wheezing bellows, the anvil.
What was left was burned, no doubt,
or lies rusting in some swamp.
A lone dog claws at the doorway.
On a cracked blue plate some figs
huddle like cheeping guineafowl.
                                   Apart from that,
everything's gone to mist, and no one
remembers that dark face, or what he said.
However, there does remain
this balcony at my window,
the slender spirals in clear light
beautiful as the cat nearby, black masked, ears alert,
who, washing itself, pauses to observe
the tiny birds in the locust tree.
Green shutters, ajar, look out on the leaves'
other, more tender green. A fuzzy fly
spins angrily in the curtain-folds. I wonder
about those birds – come from what Africa,
with purple caps and grey breasts, their wings
silklined fans that their flight
suddenly opens? (And I call to mind a poet
who knows all about birds – I promise myself
I will write to him.)
                            With the brush of my lashes
I sketch the delicate ironwork, caress

99

j'adoucis sa courbure, je vois par transparence
la main perdue, le cœur ancien et la vive
candeur. Par son ouvrage où vibre encore l'amour
l'homme est présent ici chaque matin
dans la lumière de l'éveil et la gloire
toujours naissante. Pourtant j'ajoute
un rien de bleu entre les branches,
plus bas le pourpre d'une rose
et, sur la fourrure du chat qui bâille et tend
le nez, une moustache en minces traits d'argent.

its contours, perceiving through it
that vanished hand, that ancient heart
and lively candor. In his handiwork
which still vibrates with love,
the man is present here each morning
in the wakening light, the ever-renascent splendor.
I add, between the branches, a dab of blue,
a crimson rose underneath it, and
on the furry face of the cat, who yawns
and lifts his nose, a moustache drawn
in finest lines of silver.

PORTRAIT DE L'ARTISTE

Assis, menu, jambes croisées,
ce point, ce presque rien, est un
homme qui fume, médite
écrit. Le sable est sombre :
mica, roche rayée, usure.
Dans le torrent, de chute en chute,
vole la truite ; des saules nains
agitent leurs toisons ;
les ombres brûlent la montagne
où sonnent les brebis.
Sur les cimes les messagers
soufflent mystères et merveilles,
et les étoiles invisibles, les belles mortes,
dans l'infini bleuté voyagent.
Ferme les yeux, détourne le miroir,
et dans ta nuit très humblement mesure
la joie, l'offrande du vertige.

PORTRAIT OF THE ARTIST

Seated, small, legs crossed,
this dot, this almost nothing, is
a man, who smokes, meditates,
writes. The sand is dark:
mica, granules of scarred
striate rock worn-down.
Upstream, from falls to falls,
fly the trout; the dwarf willows
toss their manes; the mountain,
where flocks are bleating,
smoulders in haze of shadow.
Messengers, on those peaks,
whisper marvels and mysteries,
and the invisible stars
– beauties long dead –
sail in the infinite blue.
Close your eyes,
turn the mirror
away, and with deep
humility acknowledge
this dizzying gift,
this joy.

IRIS

Appel de cloche
(la cloche frêle du village)
appel étroit, pressant,
pauvre comme un jappement de l'air.
Il faudrait prier.

On ne sait pas comment joindre les mains,
on ne sait pas s'agenouiller,
à peine si l'on connaît les paroles.
Il faudrait inventer alors d'autres paroles,
chaque matin d'autres paroles
mauves, roses ou bleues
comme le ciel là-haut sur les collines,
une couleur, un chant, une syntaxe plus sublimes,
et que cela gravisse l'air comme la fumée des feux qui monte droit
        lorsque le vent s'apaise,
il faudrait se perdre dans ce total dénuement, cette totale pauvreté,
cette désolation que l'on dit parfois infinie,
et qui finit pourtant puisqu'on poursuit le geste.
Et du plus creux, du plus opaque de ce gouffre dont l'eau reste invisible,
        devinée seulement à une fade odeur de mort et de marais,
on monterait vers l'absolue clarté, la cime de la tour, la terrasse sans
        terre, la hune sans navire,
où tout cet être disloqué se raffermit, se ressaisit, s'ordonne,
où le cœur à nouveau brasse et pulse le sang,
tant il est vrai que n'existe ni haut ni bas, mais une double profondeur
        inversée dont les malheureux, les bienheureux abîmes se
        rejoignent.
non pas en droite mais en courbe (Aldébaran)
– en un point certes invisible mais irréfutable,

IRIS

A bell is calling –
the faint bell in the village –
a cramped, insistent call,
meager barking in the air.
We should pray.

We don't know how to place our hands together,
nor how to kneel.
We don't even know the words.
So we should make up new ones,
each day new words,
mauve, rose, blue
like the sky above the hills –
a song, a color, some loftier syntax
that would etch the air like smoke of hearthfires
        rising vertically when the wind lulls;
we should lose ourselves in the total nakedness, total poverty,
total desolation which sometimes we call unending,
but which, nevertheless, does end when we follow
        our daily gestures through their unfolding.
And from the most opaque depths of that gulf
        whose invisible waters can only be surmised
        from the stale odor of death and swamp,
one would rise, then, toward absolute clarity, pinnacle,
        boatless topmast, superterrestrial terrace
where the disjointed being might reaffirm itself, grasp itself,
        discover anew its own order,
where the heart might take up its beat and again
urge the blood forward –
for in truth there is neither high nor low but a double depth
in which the abyss of anguish and the abyss of blessedness
        meet, *not by convergence of straight lines but curving,**
        conjoined, in a point
                not visible, yet irrefutable –

        * *from a poem by Aldébaran*

un point,
non pas un
visage.

(Et pourtant, dans notre
faiblesse, nous eussions
désiré un visage, peut-
être une main, un œil sans paupière)

Il faudrait prier.

*   *   *

Iris noirs dressés dans la lumière,
disant par ces bouches de la terre qu'ils ont fendue,
disant quoi?
que depuis un demi-siècle, chaque printemps, on tente d'épeler :
la splendeur de ce mauve noir à peine caressé de jaune,
qui prend au cœur mais que l'on ne saurait saisir.
Énigme alors. Et l'autre énigme (est-ce la même?) de la force qui tend
          vers le soleil ces flammes sombres – main, œil, visage –
lorsque gronde l'appel silencieux entre les astres.

*   *   *

Alors Lazare, tout emmêlé de
terre et de racines,
fendant la tombe,
grand iris noir échevelé,
dit aux femmes :

a point
and not
a face.

(Yet, in our weakness,
we would have wished to see
a face, per-
haps a hand, a
lidless eye.)

We must pray.

     *   *   *

Black iris risen in the light,
words in their open mouths concerning
the earth they have broken through –
what is it that they say?
For a half-century, each spring, we have tried
to spell it out:
this splendor of purple-black faintly brushed with yellow,
which grips the heart but lies
beyond comprehension.
Enigma, then. And the other enigma (is it the same?): the force
that stretches toward the sun these dark flames – hand, eye, face –
when the silent call thunders among the stars.

     *   *   *

Then Lazarus,
grimy with clinging dirt and roots,
a great black iris
breaking forth from the tomb
dishevelled,
said to the women:

« Je suis revenu parmi vous. Regardez-
moi. Je ne peux rien vous dire. »

Toutes le regardèrent
et il n'y eut point de paroles.

*   *   *

Empédocle respira une fleur
puis il sauta dans le
feu.

*   *   *

A quatre-vingt-onze ans,
Hokusai peignit un simple iris,
si limpide, si précieux
qu'à travers ses pétales
on voyait toute la lumière.
Il dit : « J'ai terminé. »

*   *   *

Et Van Gogh, dans le jardin de Saint-Rémy
où le printemps éclate en orage d'iris,
ivre de mauve et de parfum,
s'étendit sur la terre et accueillit les voix.

*   *   *

'I am returned among you.
Behold me.
I can tell you nothing.'

Everyone gazed at him
and no one spoke.

*   *   *

Empedocles breathed the perfume
of a flower, then leapt
into the fire.

*   *   *

At 91, Hokusai
painted a simple iris
so limpid, so exquisite
that through its petals
one could perceive
absolute light.

He said,
'I have finished.'

*   *   *

And Van Gogh in the garden at Saint-Rémy
where spring bursts in a storm of iris,
drunk with purple and fragrance
stretched out on the ground and welcomed
the voices.

*   *   *

Ainsi, chaque printemps, malgré le
poids des roues, le pas des cerfs,
le gel et le tonnerre
(malgré le doute qui nous brûle)
dans le temps et contre le temps,
la terre tiédissant se couvre de paroles.

Thus each spring, despite
the weight of wheels, the drumming feet
of stags, despite
hail and thunder (despite
the doubt that consumes us)
within time and against time
the thawing earth
covers itself with new words.

ABOUT THE AUTHOR

Jean Joubert was born in 1928 in Châlette-sur-Loing (Loiret), France. He has lived in Languedoc for the last twenty-five years and teaches American literature at the Université Paul Valéry at Montpellier. He has published novels and children's stories as well as poetry. His collection *Poèmes : 1955–1975* (Grasset, 1975) was awarded the prize of the Académie Mallarmé in 1978.

ABOUT THE TRANSLATOR

Denise Levertov was born in London in 1923 of a Welsh mother and Russian Jewish father who was an Anglican clergyman. She was educated at home. Since coming to the United States forty years ago, Ms. Levertov has published many volumes of poetry, two substantial collections of essays, and translated *Selected Poems of Guillevic* (all published by New Directions).